KB203303

실존과 죽음

실존과 죽음

초판 1쇄 발행 2025년 4월 18일

—

지은이 하이데거 외
엮은이 한상연
옮긴이 한상연
펴낸이 이방원

책임편집 조성규 **책임디자인** 박혜옥
기획 김명희 **마케팅** 최성수 **경영지원** 이병은

펴낸곳 세창미디어
　　　　　신고번호 제2013-000003호 주소 03736 서울특별시 서대문구 경기대로 58 경기빌딩 602호
　　　　　전화 02-723-8660 팩스 02-720-4579
　　　　　이메일 edit@sechangpub.co.kr 홈페이지 http://www.sechangpub.co.kr
　　　　　블로그 blog.naver.com/scpc1992 페이스북 fb.me/Sechangofficial 인스타그램 @sechang_official

—

ISBN 978-89-5586-842-5 03160

실존과 죽음

하이데거 외 지음 │ 한상연 엮고 옮김

세창미디어
MEDIA

차례

블레즈 파스칼

죽음으로 영원을 노래하다

『팡세. 레프로방시알』에서

블레즈 파스칼

우리의 본성은 운동 안에 있다. 그 완전한 휴식은
죽음이다.

블레즈 파스칼

명예는 매우 달콤해서 사람들은 명예를 얻기 위해
무엇이든, 심지어 죽음마저도 사랑한다.

블레즈 파스칼

생각 없이 맞이하는 죽음이 죽음의 위험이 없을 때
죽음에 대해 생각하는 것보다 편하다.

블레즈 파스칼

인간은 죽음, 비참, 무지로부터 벗어날 수 없기 때문에, 행복해지려면 그런 것에 대해 생각할 이유가 없다는 것을 알아차렸다.

블레즈 파스칼

비참한 우리에게 유일한 위안은 유흥이다. 하지만 이것이 우리의 가장 커다란 비참이다. 유흥은 우리 자신에 대해 생각하는 것을 근본적으로 방해해서 우리가 자기도 모르게 멸망하게 하기 때문이다. 유흥이 없으면 우리는 권태에 빠질 것이고, 권태는 권태로부터 벗어날 보다 확실한 방법을 찾도록 우리를 몰아세울 것이다. 하지만 유흥은 우리를 즐겁게 하고, 우리가 자기도 모르는 사이 죽음에 이르게 한다.

블레즈 파스칼

내가 아는 모든 것은 내가 곧 죽을 수밖에 없다는 것이다. 하지만 내가 가장 모른 체하는 것은 피할 수 없을 이 죽음이다.

블레즈 파스칼

그렇지만 영원은 존속한다. 그리고 영원을 틀림없이 열어 낼 죽음, 매 순간 우리를 위협하는 죽음은 머지않은 때 영원한 멸망 아니면 영원한 불행 속으로 반드시 우리를 던져 넣을 것이다. 이 중에서 우리에게 어느 쪽이 항구적으로 마련되어 있는지 알지 못하는 채로 말이다.

20 · 21

블레즈 파스칼

위험이 없을 때 죽음을 두려워하고, 위험이 있을 때는 두려워하지 말라. 우리는 인간이어야 하기 때문이다.

블레즈 파스칼

우리는 진리를 원하지만 우리 안에서 불확실성을 발견할 뿐이다. 우리는 행복을 원하지만 비참과 죽음을 발견할 뿐이다. 우리는 진리와 행복을 원하지 않을 수 없지만, 확실성도 행복도 찾을 수 없다. 이 욕구가 우리에게 남은 것은 우리를 벌하기 위해서이고, 또 우리가 어디에서 추락했는지 일깨우기 위해서이다.

쇠렌 키르케고르

죽음의 희망으로 절망을 이기다

『죽음에 이르는 병』에서

쇠렌 키르케고르

인간적인 관점에서 죽음은 모든 것의 마지막이고, 희망은 삶이 있는 한에서만 존재한다. 하지만 기독교적 관점에서는, 죽음이란 결코 모든 것의 마지막이 아니라, 실로 사소한 사건일 뿐이다. 죽음의 사건 안에 [우리 존재의] 모든 것인 영생이 열려 있는 것이다. 그리고, 기독교적으로 이해하자면, 삶 속에 있는 것보다 무한히 더 많은 희망이 죽음 속에 있다. [영생은] 단순히 인간적인 의미로 있는 삶이 아니다. 이 삶은 완전한 건강과 활력 속에 있다.

쇠렌 키르케고르

보통 불행 혹은 최악이라 부르는 모든 것 위로 자랑스럽게 고양되면서, 기독교인은 마치 거의 교만해지는 것처럼 보인다. 그럼에도 기독교는 결국 인간이 그 존재를 알지 못하던 비참한 상태를 발견했다. 죽음에 이르는 병을 말이다.

쇠렌 키르케고르

오직 기독교인만이 죽음에 이르는 병이 무엇을 뜻하는지 안다. 기독교인으로서, 그는 자연적인 인간은 알지 못하는 용기를 얻는바, 이 용기는 더욱 무서운 것을 두려워하는 법을 배움으로써 얻게 된다.

쇠렌 키르케고르

기독교적으로 이해하자면, 죽음 자체는 삶[영생]으로 통하는 과정일 뿐이다. 그러므로 기독교적 관점에서 보자면, 세상의 어떤 신체적 질병도 죽음에 이르는 질병이 아니다. 죽음이란 실로 질병의 끝을 뜻할 뿐 마지막이 아니기 때문이다.

쇠렌 키르케고르

엄밀한 의미로 죽음에 이르는 병에 관해 이야기하자면, 그것은 그 끝이 죽음이고 죽음이 그 끝인 질병임이 틀림없다. 이것이 절망의 정확한 정체이다.

쇠렌 키르케고르

죽음이 가장 큰 위험일 때 우리는 삶을 희망한다. 하지만 [죽음보다] 더 커다란 위험이 있음을 알게 될 때 우리는 죽음을 희망한다. 죽음이 희망이 될 만큼 위험이 클 때, 절망이란 죽을 수조차 없다는 데 대한 희망 없음이 된다.

표도르
도스토옙스키

죽음의 결단으로 자유를 희망하다

『작가 일기 1. 1873-1876』
『작가 일기 2. 1877-1881』
『죄와 벌』
『카라마조프 형제들』에서

표도르 도스토옙스키

사형선고를 받은 사람은 마지막 밤에 유난히 깊이 잠든다고 들었다. 그래야 할 것이다. 그것이 [임박한 죽음을 견디도록 하는] 자연의 방식인 것이다.

『작가 일기 1. 1873-1876』

표도르 도스토옙스키

우리가 우리에게서 가장 신성한 것으로 여기는 게 수치스럽고 흠결 있는 것이라면, 우리는 자연이 주는 벌로부터 달아날 수 없을 것이다. 수치스럽고 흠결 있는 것은 그 안에 죽음을 간직하고 있고, 조만간 자기 자신에게 벌을 가하게 될 것이다.

『작가 일기 2. 1877-1881』

표도르 도스토옙스키

나는 용서받지 못할 내 약함을 고백한다. 어쩔 수 없다. 나는 죽음이 두렵고, 죽음에 대한 말을 듣고 싶지 않다.

『죄와 벌』

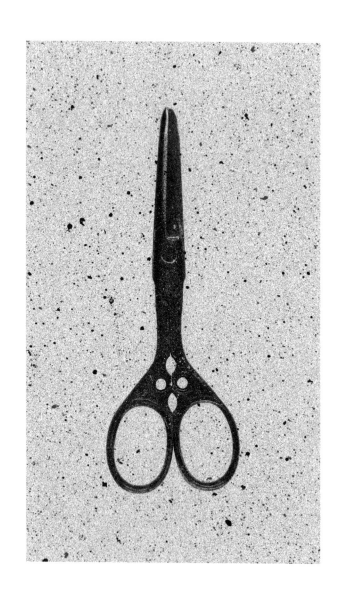

표도르 도스토옙스키

구원은 구원자의 죽음을 통해서만 발견된다.

『카라마조프 형제들』

프리드리히 니체

**삶을 위한 투쟁으로
자유로운 죽음을 기념하다**
『차라투스트라는 이렇게 말했다』에서

프리드리히 니체

자기 자신을 고통스러워하는 자에게는 어떤 구원도
없다. 혹시 있다 하더라도 그것은 빠른 죽음이다.

프리드리히 니체

영혼에 결핵을 앓는 환자들이 있다. … 병자나 노인, 시체와 마주치면 그들은 주저치 않고 말한다. "삶은 반박되었다!" 그러나 반박된 것은 오직 그들 자신, 현존함에서 단 하나의 얼굴만을 보는 그들의 눈일 뿐이다.

프리드리히 니체

모두들 죽음을 중요하게 여긴다. 그러나 죽음은 아직 축제가 아니다. 이 가장 아름다운 축제를 어떻게 봉축할지 인간들은 아직 배우지 못했다.

프리드리히 니체

삶을 완성하는 죽음을 맞는 것이 제일 좋다. 하지만 그다음으로 좋은 것은 투쟁 속에서 죽으며 하나의 위대한 영혼을 아낌없이 써 버리는 것이다.

프리드리히 니체

나는 너희에게 나의 죽음을 칭송한다. 내가 원해서
나에게 오는 자유로운 죽음을.

프리드리히 니체

너희의 죽음 속에서 너희 정신과 덕은 지구를 둘러싼 저녁놀처럼 달아올라야 한다. 그렇지 않으면 너희는 죽음을 나쁘게 맞는 것이다.

프리드리히 니체

그렇다. 너희 창조하는 자들이여, 너희의 삶에는 혹독한 죽음이 많이 있어야 한다! 이렇게 너희는 모든 무상함을 대변하고 정당화하는 자여야 한다.

프리드리히 니체

태고 이래로 사랑함과 몰락함은 짝이 잘 맞는다. 사랑을 향한 의지란 기꺼이 죽음을 향하는 것이기도 하다.

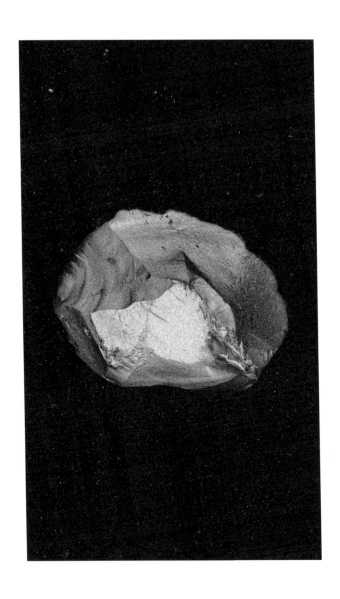

프리드리히 니체

용기는 최고의 살해자다. 죽음은 동정심도 죽인다. 그러나 동정심은 가장 깊은 심연이다. 인간은 삶을 깊이 들여다볼수록 고통도 깊이 들여다보게 된다. 하지만 용기, 공격하는 용기는 최고의 살해자다. 용기는 죽음마저 죽여 버린다. 용기는 "그것은 삶이었는가? 자, 그럼 어서 한번 더!"라고 말하기 때문이다.

프리드리히 니체

저기 나룻배가 멈추어 있다. 나룻배는 그곳을 지나서 아마도 거대한 무無 안으로 갈지 모른다. 누가 이 "아마도"에 올라타려 하겠는가? 너희 중 누구도 죽음의 나룻배에 오르려 하지 않는다! 너희는 어째서 세상에 지친 자가 되려 하는가?

프리드리히 니체

한밤중에 맞이할 죽음의 행복은 도취한 채 노래한다. 세계는 깊으니, 낮이 생각한 것보다 더 깊다!

카를 야스퍼스

삶의 한계인 죽음에서
삶을 위해 결단할 이유를 보다
『세계관의 심리학』에서

카를 야스퍼스

세계 밖으로 나서는 사랑은, 아시시의 프란치스코*를 통해 알 수 있는 것처럼, 그 순수한 형식에서 매우 드물다. 그것은 빠르게 도식화된다. 분해의 과정이다. 그것은 죽음을 그 결과로 갖는다. 도우려는 사랑의 몸짓과 실질적으로 야기되는 비참함 사이의 대립은 기괴하다. 프란치스코와 같은 인간은 모두를 사랑하고, 그 밖의 다른 인간은 한 개인을 사랑할 뿐이다.

* 아시시의 프란치스코는 1881년 출생인 이탈리아의 수도자였다. 신의 음유시인이라는 별칭이 있을 정도로 탁월한 문장력과 감성을 지닌 시인이기도 했다. 가톨릭교회 주요 수도회의 하나인 프란치스코회의 설립자가 바로 아시시의 프란치스코이다.

카를 야스퍼스

세계 경험 역시 인간에게 절대자 안으로 이끄는 일
련의 저항을 드러낸다. [세계에서 추구하는] 가치의
지배와 그 실현을 의식하고 있다고 해도, 인간은 총
체성을 확증하려 하자마자 이미 얻었고 또 얻을 수
있는 것 전부가 세상만사의 저항과 파괴에 파묻혀
있다는 것을 발견한다. 그 한계에서는 도처에서 절
대적 우연, 죽음, 죄업이 경험되려는 것처럼 보인다.
가치 생성의 조건에서는 인간이 보기에 아무것도 보
증되지 않고, 필연적이지 않다. 도리어 최종적인 것
은 우연이다. 인간의 경험이 보게 하는 것은 현존하
는 모든 가치란 결국 완전한 파괴로 끝장난다는 것
이다.

카를 야스퍼스

파괴는 합리적인 것 안에서는 모순이다. 합리적인 것 안에서 모순인 것이 발견되는 곳은 오류가 있음이 틀림없는 곳이다. 그리고 만약 모든 합리적인 것 안에서 결국 모순이 발견된다면, 그것은 앎의 파괴로서 체험된다. 모든 대상적인 것은 합리적으로 형성될 수 있기 때문에 모든 파괴의 과정 및 모든 대립성은 모순으로 생각될 수 있다. 죽음은 삶의 모순이고, 우연은 필연성과 의미의 모순이다. 인간은 이러한 모순을 —그리고 그것은 한계상황의 가장 일반적인 공식인바— 도처에서 본다. 그것을 그 전체 안에서 보려고 유한한 상황으로부터 전진해 나온다면 말이다.

카를 야스퍼스

죽음은 절대적으로 개인적인 일이다. 달리 말해, [죽음의] 상황은 세계의 일반적인 상황이지만, 동시에 특별하게 개인적이다.

카를 야스퍼스

인간에게서 자기 고유의 죽음에 대한 관계는 다른 모든 무상한 사건의 관계와 구분된다. 단지 세계의 존재하지 않음만이 비교할 만한 표상이다. 인간은 모든 종류의 무상한 사건을 종결된 것으로 경험할 수 있고, 그 이후에도 [그것과] 관계 맺을 수 있다. 반면 자기 존재나 세계의 파멸은 인간에게 총체적 성격을 갖는다.

카를 야스퍼스

인간은 육체적 고통, 불안, 피할 수 없는 죽음에 관한 죽음-불안을 경험할 수 있고, 위험을 극복할 수도 있다. 하지만 죽음은 경험하지 못한다. 다만 산 자가 죽음과 맺는 관계만을 경험할 뿐이다.

카를 야스퍼스

죽음은 표상될 수 없는 것이고, 본래 생각될 수도 없는 것이다. 우리가 죽음에 대해 표상하고 생각하는 것은 다만 부정일 뿐이고, 부수현상일 뿐이며, 결코 실증적이지 않다.

카를 야스퍼스

죽음은 우리 삶의 한계이며, 우리의 시선은 그 한계를 넘을 수 없다.

하이데거를 읽기 전에

'아직-아님' '끝에-와-있음' '무엇-앞에' '세계-내-존재' '무엇을-위해' 등 하이픈으로 연결된 용어들은 두 가지 경우로 나뉜다. 하나는 하이데거 본인이 그렇게 한 것을 직역한 경우이다. 예를 들어, '세계-내-존재'는 독일어 원어에도 단어들이 하이픈으로 연결되어 있다. 또 하나는 독일어로는 한 단어인데, 우리말로 번역하면서 두 단어로 나뉘는 경우, 두 단어가 하나의 존재론적 개념을 이루고 있음을 표시할 목적으로 하이픈으로 연결했다. 예를 들어, '무엇을-위해'는 독일어 원어에는 '무엇'을 뜻하는 의문부사와 '때문에'를 뜻하는 전치사가 하이픈 없이 한 단어로 적혀 있다. 하이데거가 '세계-내-존재'와 같이 하이픈으로 여러 단어를 연결한 것은 연결된 단어들 전체가 하나의 존재론적 개념을 형성함을 표시한다.

마르틴 하이데거

죽음의 불안을
고유한 삶의 가능 근거로 삼다
『존재와 시간』에서

마르틴 하이데거

현존재* 안에는, 그가 존재하는 한에서, 그가 무엇이 될 수 있고 또 무엇이 되어 갈지가 줄곧 남는다. 하지만 이 줄곧-남음^{Ausstand}**에는 '마지막' 자체도 속한다. 이 마지막은 존재 가능, 즉 실존에 속하는 것으로서, 그때마다 가능한 현존재의 전체성을 제한하고 규정한다.

---

*   현존재는 인간을 뜻하는 하이데거의 용어이다. 서양 철학의 인간 개념에 전통 형이상학적 편견이 담겨 있다고 보고, 인간이란 이성 같은 형이상학적 본질 개념을 통해서가 아니라 구체적이고 역사적인 실존성을 통해 파악되어야 할 존재임을 강조할 목적으로 하이데거가 만든 신조어이다. 독일어로는 'Dasein'인데, 'da'란 본래 '그때' 혹은 '거기'라는 뜻이고, 'sein'은 '있음'이라는 뜻이다. 'sein'은 영어로 치면 'be' 동사의 동사원형인 'be'에 해당한다.

** 일부 번역본에는 'Ausstand'가 '미완'으로 번역되어 있다. 하지만 'Ausstand'의 원형 'ausstehen'에는 '기대되지만 여전히 결여함, 부족함' 등의 뜻이 있다. 이런 이유로 '기대되지만 온전히 완성되지 않는 것으로 줄곧 남는다'는 뜻으로 '줄곧-남음'이라고 번역했다.

마르틴 하이데거

현존재적으로 죽음은 오직 실존적인 죽음을 향한
존재 안에만 있다.

마르틴 하이데거

타인의 죽음은 [현존재의 마음을] 더욱 강하게 파고든다. 현존재의 끝남에 '객관적으로' 다가갈 수 있게 된 것이다. 현존재는, 특히 현존재란 본질적으로 타인과 함께-있음이기에, 죽음에 대한 경험을 얻을 수 있다. 이처럼 죽음이 '객관적으로' 주어져 있는 것은 현존재의 전체성을 존재론적으로 한정하는 것을 가능하게 한다.

마르틴 하이데거

비록 죽음은 상실로 드러나지만, 그 상실은 살아남은 자가 경험하는 상실보다 더한 것이다. 상실을 겪으면서도 망자가 '겪은' 것과 같은 존재 상실에는 다가갈 수 없다. 우리는 타인의 죽음을 순전한 의미로 경험하는 것이 아니라 기껏 '그 곁에' 있을 뿐이다.

마르틴 하이데거

죽음^{Sterben}이란 현존재가 제각각 그때마다 스스로 떠맡아야 하는 것이다. 죽음이란, 그것이 '있는' 한에서 본질적으로 각각 나의 것이다. 그리고 죽음은 그 안에서 제각각 고유한 현존재의 순전한 존재가 걸린 특별한 존재 가능성을 뜻한다. 죽음은 존재론적으로 각자성*과 실존을 통해 구성된다는 것이 드러난다. 죽음은 사건^{Begebenheit}이 아니라 실존론적으로 이해해야 할, 탁월하면서도 의미가 좀 더 구체적으로 한정되어야 할 현상이다.

* 각자성이란 실존은 어떤 보편성의 관점에서 온전히 파악할 수 없는 것임을 가리키는 말이다. 누구나 하나의 개별자로 실존한다. 누구나 자기 고유의 삶을 살아야 하고, 자기 고유의 죽음을 맞이해야 한다. 자기 고유의 삶과 죽음의 가능성을 언제나 이미 떠맡고 있는 존재자로서 자기를 이해함이 각자성의 의미이다.

마르틴 하이데거

현존재는, 그가 존재하는 한에서 이미 자기의 아직-아님으로 존재하고, 그렇기에 언제나 이미 자기의 끝으로 존재한다. 죽음이 함축하는 끝남은 현존재가 끝에-와-있다는 것이 아니라 이 존재자*가 끝을 향한 존재라는 것을 뜻한다. 죽음은 현존재가 존재하게 되자마자 넘겨받는 존재함의 한 방식이다. '인간은 태어나자마자 죽기에 충분한 나이인 것이다.'

---

* 하이데거의 실존론적 존재론은 두 가지 근본 전제에서 출발한다. 하나는 '존재는 늘 어느 존재자의 존재이다'라는 전제이다. 또 하나는 '존재는 존재자와 같은 것이 아니다'라는 전제이다. 존재란 늘 꽃, 나무, 돌, 인간 현존재 등 구체적인 존재자의 존재를 가리킨다. 그런데 존재자의 존재는 존재자와 같은 것이 아니다. 예를 들어, 꽃의 존재를 가능하게 하는 것은 꽃이 핀 장소, 특정한 때, 꽃의 붉음과 아름다움을 발견하고 기꺼워할 나의 존재 등이다. '내가 그의 이름을 불러 주기 전에는 그는 다만 작은 몸짓에 지나지 않았다'라는 말로 시작하는 김춘수의 〈꽃〉을 떠올려 보라. 하나의 존재자인 꽃의 존재에는 꽃뿐 아니라 꽃의 붉음과 아름다움을 발견하고 기꺼워할 그 누군가와의 실존적 관계도 포함되어 있다.

마르틴 하이데거

죽음에 대한 실존론적 해석은 모든 생물학 및 생명의 존재론에 앞서 있다.

마르틴 하이데거

죽음은 아직 눈앞에 오지 않은 것도 아니고, 최소한으로 줄어든 마지막 줄곧-남음도 아니다. 그것은 도리어 임박[자기 앞에 닥쳐 있음]이다.

마르틴 하이데거

죽음 속으로 내던져져 있음은 현존재에게 불안의 마음 상태 Befindlichkeit*에서 보다 근원적이고 절실하게 드러난다. 죽음 앞에서의 불안은 가장 고유하고, 무연관적이며, 뛰어넘을 수 없는 존재 가능 '앞에서의' 불안이다. 이 불안의 무엇-앞에는 세계-내-존재 자체이다. 이 불안의 무엇을-위해는 현존재의 순연한 존재-가능이다.

---

*   심정성, 처해 있음.

마르틴 하이데거

삶을 마침 앞에서의 공포와 죽음 앞에서의 불안을 혼동해서는 안 된다. 이 불안은 개개인의 자의적이고 우연한 '허약한' 기분이 아니라, 현존재의 근본적 마음 상태이며, 현존재가 내던져진 존재로서 끝을 향해 실존한다는 사실의 열려 있음이다. 이렇게 죽음의 실존론적 개념은 가장 고유한, 무연관적이고 뛰어넘을 수 없는 존재-가능을 향해 내던져진 존재로서 또렷해진다.

마르틴 하이데거

죽음을 향한 존재에서 현존재는 하나의 탁월한 존재-가능으로서 자기 자신과 관계를 맺는다.

마르틴 하이데거

죽음을 향한 일상적인 존재는 [일상성 안으로] 몰락하는 것으로서 죽음 앞에서의 부단한 도피이다.

마르틴 하이데거

삶이 끝남이 [반드시] 일어나는 사건으로서 '단지'
경험적으로 확실하다는 것으로는 죽음의 확실성을
결정하지 못한다.

마르틴 하이데거

죽음을 향한 존재는 마음 씀에 근거한다. 내던져진 세계-내-존재로서 현존재는 언제나 이미 자기의 죽음에 내맡겨져 있다. 자기의 죽음을 향해 존재하면서, 현존재는 실제로, 게다가 부단히 죽는다. 아직 자기의 삶이 끝나지 않은 한에서는 말이다.

마르틴 하이데거

현사실적으로 현존재는 우선 그리고 대개 죽음을
향한 비본래적 존재 안에 머문다.

마르틴 하이데거

그러나 죽음을 향한 존재로서 가능성을 향한 존재는 죽음이 이 존재 안에서 그리고 그 존재를 위해 가능성으로서 드러나도록 죽음과 관계 맺어야 한다. 가능성을 향한 그러한 존재를 우리는 용어상 가능성 안으로 미리 달려가 봄이라고 파악한다.

마르틴 하이데거

죽음은 고유한 현존재에게 단순히 무차별적으로 '속하는' 것이 아니라, 이 존재자가 개별적인 것으로서 존재하도록 요구한다.

마르틴 하이데거

실존론적으로 기획*된 본래적인 죽음을 향한 존재의 성격은 다음과 같이 요약된다. 미리 달려가 봄은 현존재에게 세인-자기에 상실되어 있음을 드러내며 현존재를 [일상세계에서] 마련하는 배려에 우선적으로 의지하지 않고서 그 자신이 될 가능성 앞으로 데려온다. 여기서 자기 자신이란 정열적인, 세인의 환상에서 벗어난, 현사실적인, 자기 자신에 대해 확신하며 불안해하는 죽음을 향한 존재 안에 있는 그러한 존재자이다.

* 하이데거의 실존론적 존재론에서 '기획'이란 장차 도래할 미래의 자기를 지금의 자기와 다른 것으로서 미리 조망하고 그러한 미래의 자기가 되려 마음 씀을 가리키는 말이다.

마르틴 하이데거

우리는 죽음을 실존론적으로 특징된 실존의 불-가
능성의 가능성으로, 즉 현존재의 순연한 무성으로
파악했다.

마르틴 하이데거

죽음의 무규정성은 근원적으로 불안 속에서 열린다.

마르틴 하이데거

미리 달려가 보는 결단성은 죽음을 '극복하려고' 고안한 탈출구가 아니라 양심의 부름을 따르는 이해인바, 이러한 이해는 죽음이 현존재의 실존을 지배해서 도피적 자기-은폐를 모두 해산시킬 가능성을 열어 놓는 이해이다.

가브리엘 마르셀

죽음의 감행에서 존재의 신비를 찾다
『존재의 신비』에서

가브리엘 마르셀

나의 경험은, 내가 죽음이라 부르는 것에 의해 나 자신과 내 몸의 연결이 끊어져 버리기만 하면, 내가 여전히 무엇이 될 수 있는지 알게 할 어떤 직접적인 수단도 없게끔 구조화되어 있다.

가브리엘 마르셀

왜 헛되이 자기 목숨을 버려야 하는가? 실로 이러한 상식적 논점은 반박할 수 없는 것처럼 보인다. 하지만 이 경우에 상식을 적용하는 것이 적절할까? 영웅이나 순교자에게는 이러한 상식이 통하지 않는다. 영웅이나 순교자의 삶의 방식과 상식[적 삶의 방식]은 [일반인과] 서로 교차할 수 없는 두 축과도 같다. 희생은 그 자체로는 광기이다. 그러나 보다 깊은 성찰은 … 이 광기의 가치를 인식하고 또 수용하게 한다. 우리는 이 광기를 회피하는 자가 그 자신보다 저차원적인 존재로 퇴락할 것임을 이해하는 것이다.

가브리엘 마르셀

그들[전쟁에서 승리에 대한 전망이 없는 상태에서도 자신을 희생한 군인들]이 그들 존재의 보다 깊은 곳에서 들려온 일종의 부름을 따랐으며, 이 부름이 자신에 대한 또렷한 의식을 취했다는 가정, 즉 그 부름이 그 의미에 적합하게끔 말로 표현되었다는 가정은 분명 자의적일 것이다. 그러나 [아무튼] 이 지점에서 [삶과 죽음이라는] 두 말 사이에서 기이한 치환이 이루어지기라도 하는 것처럼, 그리고 죽음이 정말 어떤 지고한 뜻으로, 삶일 수 있는 것처럼 보인다. 다만 이것은 우리가 생물학의 범주를 완전히 초월한다는 조건에서만 진술될 수 있다.

장폴 사르트르

죽음의 우연성으로
실존의 한계를 드러내다
『존재와 무』에서

장폴 사르트르

사람들은 우리가 진실로 무엇으로 존재했는지 결정할 수 있고, 우리는 전지全知한 지성이 만들어 낼 판단의 전체에서 벗어날 어떤 기회도 갖지 못한다. 그리고 최후의 시간의 뉘우침은 우리 위에 서서히 자리 잡으며 굳어진 이 존재의 전부를 깨트리려는 노력의 전부이며, 우리가 그 존재인 것과의 결속으로부터 우리 자신을 풀어내려는 마지막 분발이다. 그러나 헛된 일일 뿐이다. 죽음은 이 분발마저 나머지와 함께 엉기게 하고, 선행한 것과 합성된 것 이상이 아니게 한다. 그것은 다른 여러 요인들 사이의 한 가지 요인으로서, 전체로부터 시작해야만 이해될 개별적 결정에 지나지 않는다.

장폴 사르트르

모든 것은, 마치 현재가 즉각 채워지면서 부단히 갱생하는 존재의 영원한 구멍이기라도 한 것처럼 지나간다. 모든 것은, 마치 현재가 '즉자'* 안의 덫 앞에서의 부단한 도피인 것처럼 지나간다. 이 즉자 안의 덫은, 더 이상 어떤 대자**의 과거도 아닌 하나의 과거 안에 현재를 파묻어 버릴 즉자의 최종적 승리에 이르기까지 현재를 위협한다. 이러한 승리는 죽음이니, 죽음이란 즉자를 통한 인간적 전체성의 모든 체계의 과거화 내지 되찾음을 통한 시간성의 철저한 멈춤이기 때문이다.

* '즉자'란 다른 말로 '그 자체로 있음'이다. 돌멩이 같은 사물은 자기에 대한 의식 없이 그냥 그 자체로 있을 뿐이다.
** '대자'란 다른 말로 '자기에 대해 있음', '자기를 위해 있음' 등이다. 인간처럼 자기의식이 있는 존재자는 '자신의 존재에 대한 의식으로서의 존재'라는 특별한 존재 양태를 지닌다.

장폴 사르트르

죽음은 부재가 아니다.

장폴 사르트르

죽음은 세계의 한가운데서 자기의 객체성을 잃는
것이 아니라 … 타인에게 자기를 주체로서 드러낼
가능성을 모두 잃어버리는 것이다.

장폴 사르트르

내가 타인에게 무엇이었는지는 타인의 죽음을 통해 굳어지고, 나는 그것으로 돌이킬 수 없는 과거에 있을 것이다.

장폴 사르트르

과거가 살지 죽을지 결정하는 것은 미래이다.

장폴 사르트르

죽음은 하나의 끝이고, 모든 끝은, 마지막인 끝이든 시작인 끝이든 두 얼굴의 야누스이다. 우리는 끝을, 고찰된 과정을 한정하는, 존재의 무에 붙은 것으로 볼 수도 있고, 그 반대로 끝이 끝내는 연속에 들러붙은 것으로 볼 수도 있다. 이 연속은 존재하는 과정에 속한 것일 수도 있고, 그 의미를 구성하는 특정한 방식의 연속일 수도 있다.

장폴 사르트르

죽음을 회복하려는 관념론적인 시도는 원래 철학자의 일이 아니라 릴케 같은 시인이나 [앙드레] 말로 같은 소설가의 일이었다. 죽음을 하나의 연속에 속한 궁극의 끝으로 간주하는 것으로 충분했다. 만약 그 연속이 그것이 [그리로] '향하는 궁극적 목적'을 정확히, 내부성을 표시하는 이 '향하는' 때문에 회복한다면, 죽음은 삶의 종점으로 내면화되고 인간화된다. 인간은 인간적인 것밖에는 더 이상 만날 수 없다. 더 이상 삶의 피안은 존재하지 않으며, 죽음은 일종의 인간적인 현상, 여전히 삶일 뿐인 삶의 궁극적 현상이다.

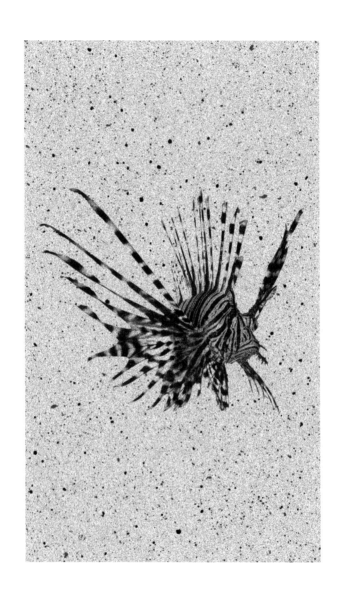

장폴 사르트르

그러나 이렇게 회복된 죽음은 단순히 인간적인 것으로 머물지 않는다. 죽음은 나의 것이 된다. 내면화되면서 죽음은 개별화된다. 그것은 더 이상 인간적인 것을 한정하는 위대한 불가지적인 것이 아니라, 이 삶을 유일한 삶으로, 즉 다시 시작하지도 않고 수정할 수도 없는 그러한 삶으로 만드는 나의 개인적인 삶의 현상이다.

장폴 사르트르

나는 나의 삶에 대해서와 마찬가지로 나의 죽음에 대해 책임이 있게 된다. 이 책임은 내 운명의 경험적이고 우연적인 현상에 대한 것이 아니다. 그것은, 나의 죽음처럼, 나의 삶이 나의 삶이게 하는 이 유한성의 성격에 대한 것이다.

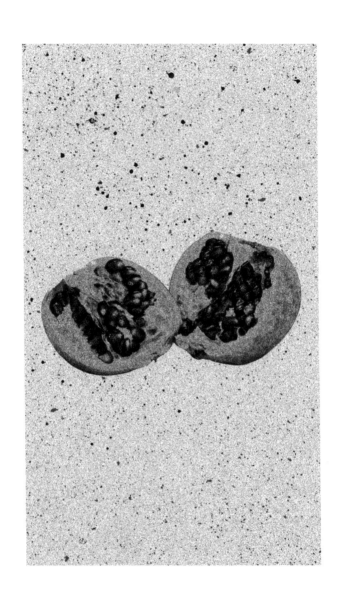

장폴 사르트르

그 자체로 죽음이 절대적으로 비인간적인 것을 향한 이동이라고 해도, 죽음을 이러한 절대를 향한 천창天窓으로 간주하려는 희망은 모두 버려야 한다. 죽음은 우리에게 우리 자신에 관한 것 그리고 인간적인 관점에서 파악될 것 외에는 아무것도 드러내지 않는다. 이것은 죽음이 선험적으로 현존재에게 속한다는 것을 뜻할까?

장폴 사르트르

죽음은 내가 나를 이미 주체성의 관점 안에 놓았을 때만 나의 죽음이 된다. 선반성적 코기토*를 통해 규정되는 주체성이 나의 죽음을 대체가 불가능한 주체적인 것으로 만드는 것이고, 나의 대자에 대체가 불가능한 자기성을 주는 것은 죽음이 아니다.

---

* '선반성적 코기토'의 '코기토'는 기본적으로 데카르트의 유명한 명제인 '코기토 에르고 숨', 즉 '나는 생각한다, 그러므로 존재한다'라는 말에서 온 것이다. 그냥 간단히 '생각하는 나의 의식'을 '코기토'로 부른다고 생각하면 된다. '선반성적 코기토'란 자기의 존재에 대한 반성적 의식 이전의 의식을 뜻한다. 꽃의 아름다움에 완전히 매료된 나의 의식은 자기를 의식하지 않고 꽃의 아름다움만을 의식한다. 이때 나의 의식은 선반성적이다. 그런데 문득 진한 꽃향기에 놀라 꽃을 하염없이 바라보고 있는 자기를 새삼스레 의식하게 되면 선반성적 의식은 자기에 대한 반성적인 의식으로 전환된 셈이다.

장폴 사르트르

죽음은 세계 안에서 더 이상 현전으로 실현되지 않을 나의 가능성이 아니라, 나의 가능한 것들에 대한 언제나 가능한, 나의 가능성 밖에 있는 무화無化이다.

장폴 사르트르

죽음은 내가 나 자신에 대해 그것으로 존재하는 관점에 대한 타인의 관점의 승리이다. 이것은 의심의 여지 없이 말로가 『희망』 속에서 죽음은 "삶을 운명으로 바꾼다"라고 썼을 때 의도한 것이다. 사실 죽음은 그 부정적인 측면을 통해서만 나의 가능성의 무화일 수 있다. 사실 나는 내가 그것으로 존재해야 할 즉자-존재에 대한 부정을 통해서만 나의 가능성이기 때문에, 무화의 무화로서 죽음은, 부정의 부정은 긍정이라는 헤겔적 의미에서 나의 존재를 즉자로서 정립한다.

장폴 사르트르

죽음은 밖으로부터 우리에게 오고, 우리를 외적으로 변화시킨다. 기본적으로, 죽음은 탄생과 조금도 구분되지 않는다. 우리가 현사실성*이라고 지칭하는 것은 탄생과 죽음의 이러한 동일성이다.

---

* 현사실성이란 사물의 사실성이 아니라 인간 현존재의 존재에 근거를 두고 열리는 특별한 의미의 존재론적 사실성을 가리키는 말이다. 예를 들어, '죽음을 향한 존재'는 인간 현존재의 현사실성에 속한다. 그것은 돌멩이 같은 소위 객체적 사물에서 발견될 수 있는 사실성이 아니라 자신의 삶과 존재를 장차 도래할 죽음과의 관계 속에서 조망하고 해석할 수 있는 인간 현존재의 존재에 근거를 두고 열리는 현사실성의 하나이다.

장폴 사르트르

사람들은 우리의 유한성을 구성하고 우리의 유한성을 드러내는 것이 죽음이라고 믿는 듯하다. 이러한 혼란으로부터 죽음은 존재론적 필연성의 형태를 취하게 되고, 유한성은 반대로 우연성의 성격을 죽음에서 빌리게 된다. … 죽음은 현사실성에 속하는 우연적 사실이다. 유한성은 자유를 결정하고 나의 존재를 알리는 목적의 자유로운 기획 안에서만, 그리고 그러한 기획을 통해서만 실존하는 대자의 존재론적 구조이다.

장폴 사르트르

죽음은 결코, 적어도 나의 존재가 대자인 한에서는, 나의 존재의 존재론적 구조가 아니다. 그 존재에서 죽을 자는 타인이다. 대자-존재 안에는 죽음을 위한 어떠한 자리도 없다. 대자-존재는 죽음을 기대할 수도 없고, 실현할 수도 없으며 죽음을 향해 자기를 기획할 수도 없다. 죽음은 결코 대자의 유한성의 근거가 아니다. 대체로 죽음은 그 안에서 근원적 자유의 기획을 위한 근거가 될 수도 없고, 그 밖에서 대자에 의해 하나의 특성을 부여받을 수도 없다. 그렇다면 죽음이란 무엇인가? 현사실성 및 대자-존재의 어떤 양상 외에 다른 아무것도 아니다. 즉 죽음은 그저 주어진 것일 뿐이다.

장폴 사르트르

자유가 자기의 죽음을, 파악할 수 없고 이해할 수 없는 자기의 주체성의 한계로 수용하도록 하는 선택과 자유가 타인의 자유의 사실에 의해 한정된 자유로 존재하기를 요구하는 선택 사이에는 근본적으로 차이가 없다. 그러므로 죽음은 앞서 규정한 의미대로 나의 가능성이 아니다. 죽음은, 선택됨에 맞서고 나의 선택으로부터 달아나는 것으로서 한계-상황이다.

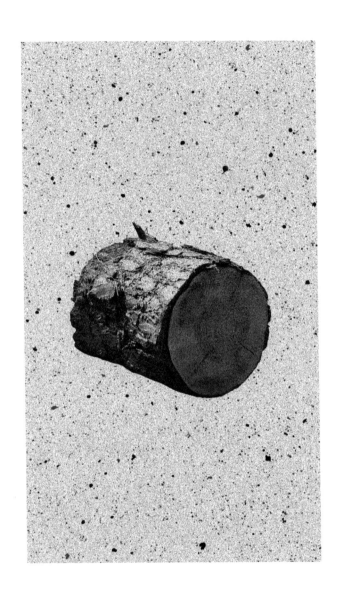

장폴 사르트르

나의 자유는 총체적이고 무한한 것으로 남는다. 죽음은 자유를 한정하는 것이 아니다. 자유는 결코 [죽음에 의해] 한정되지 않기 때문에, 죽음은 나의 기획에 대한 어떤 장애물도 아니다. 죽음은 그저 이 기획으로부터 외딴곳에 있는 운명일 뿐이다. 나는 '죽어 가려고 pour mourir'* 자유로운 것이 아니라, 죽을 자로 자유롭게 존재한다. 죽음은 실현될 수 없는 것이기에 나의 기획에서 달아나고, 나 자신은 나의 기획 자체 안에서 죽음으로부터 달아난다. 죽음은 언제나 나의 주체성 너머에 있는 것이기에, 나의 주체성 안에는 죽음을 위한 어떤 자리도 없다.

* 죽음을 위해, 죽음과 함께 자유로이 존재하기를 그치려고.

시몬 드 보부아르

죽음의 불가피성에서
영원히 정당화될 수 없는
실존의 진실을 발견하다

『애매성의 윤리』에서

시몬 드 보부아르

자유는 언제나 자기 스스로를 지킬 수 있다. 자유란 그 실패를 통해서조차 실존의 드러남으로서 실현되는 것이다. 자유는 자유로이 선택된 죽음에 의해서도 확인된다.

시몬 드 보부아르

의미가 박탈된 세계를 가로지르면서, 인간 이하인 자는 자기 자신을 오랫동안 부정해 왔음을 확인해 주는 죽음을 향해 나아간다. 이러한 경험에서 드러나는 유일한 사실은 영원히 정당화될 수 없는 것으로 남게 되는 하나의 실존이다. 이러한 실존이 그 자신을 정당화하는 법을 알지 못했다면 말이다.

시몬 드 보부아르

허무주의자는, 세계가 아무 정당성도 갖지 못한 곳이고 그 자신이 아무것도 아니라고 생각하는 점에서는 옳다. 허무주의자는 세계를 정당화하는 것이, 그리고 자신이 가치 있게 실존하도록 하는 것이 자기에게 달린 일임을 망각한다. 죽음을 삶과 통합하는 대신, 그는 그 안에서 자신에게 위장된 죽음으로만 보이는 삶에 관한 유일한 진실을 본다. 그럼에도 삶은 존재하고, 허무주의자는 자신이 살아 있음을 안다. 여기에 그의 실패가 놓여 있다. 실존을 철폐하는 데 이르지 못하면서 실존을 거부한다. 자신의 초월에 어떤 의미도 부여하기를 거부하지만, 그럼에도 그는 자신을 초월한다.

시몬 드 보부아르

육신의 약함과 각자가 자기의 개별적인 죽음 앞에서 겪는 이 개별적인 공포에도 불구하고, 각자의 진정한 이해利害는 일반 이해와 합쳐진다고 선언된다. 각자가 모두와 묶여 있다는 것은 사실이다. 그러나 그것은 정확히 말해 각자의 [실존적] 상황의 애매성이다. 타인들을 향해 넘어가면서, 각자는 동시에 절대적으로 자기 자신을 위해 실존한다. 각자는 만인의 해방에 대한 이해관계를 지니지만, 자기의 개별적 기획에 몰두하는 별개의 실존으로서만이다. 일반 인간에게 유용한 것은 이 [개별적] 인간에게 유용한 것과 같지 않다는 뜻이다. 보편적이고 절대적인 일반 인간은 어디에도 존재하지 않는다.

시몬 드 보부아르

오늘날 우리는 꽤 시달리며 산다. 죽음을 속이는 데
너무 열심이기 때문이다.

시몬 드 보부아르

삶의 운동은 모두 죽음을 향한 미끄러짐이다. 그러나 이러한 진실을 직시할 마음을 먹으면, 죽음을 향한 모든 운동이 삶이라는 것 또한 발견하게 된다.

시몬 드 보부아르

그렇게 현재는 살기 위해 죽어야 하고, 실존은 자기의 가슴에 품은 이 죽음을 부정해서는 안 되며 도리어 원해야 한다. 실존은 자기의 유한성 자체에서 자기를 절대적인 것으로 긍정해야 한다.

시몬 드 보부아르

우연성은 남겨 두고, 자기의 의욕을 긍정하기 위해 인간은 세계 안에서 자신이 원하지 않는 스캔들을 불러일으키도록 강요된다. 그러나 이러한 실패의 대부분은 삶의 조건 자체에서 비롯된다. 우리는 죽음을 꿈꾸지 않으면서 곧장 이러한 실패를 철폐하기를 꿈꿀 수 없다. 이것은 우리가 실패를 받아들여야 한다는 것을 뜻하지 않는다. 그것은 도리어 우리가 쉼 없이 실패와 싸워야 한다는 것을 뜻한다.

알베르 카뮈

경험 불가능한 죽음에서
실존의 부조리의 끝을 보다
『시지프 신화』에서

알베르 카뮈

멜로드라마에서처럼 자기를 죽이는 것은 일종의 고백이다. 그것은 삶이 자신에게 지나친 것이라는, 또는 삶을 이해하지 못한다는 고백이다. … 단지 "삶은 삶이 안겨 주는 고통만큼의 가치도 지니지 못한다"라는 고백이다. 사는 것은 물론 결코 쉽지 않다. 우리는 실존이 명령하는 몸짓하기를 여러 가지 이유로 인해 지속하는데, 그 이유 중 첫 번째는 습성이다. 자기 의지로 죽는 것은, 우리가 본능적으로라도 이 습성의 우스꽝스러운 성격을 인정함을 전제한다. 자기 의지로 죽는 자는 살아야 할 어떤 심오한 이유도 없음을, 하루하루 동요하며 사는 것의 어이없음과 고통에 시달림의 무익함을 인정하는 것이다.

알베르 카뮈

삶에 대한 인간의 애착에는 세계의 모든 비참함보다 강한 어떤 것이 있다. 몸의 판단은 정신의 판단만큼 좋은 것이고, 몸은 소멸[의 위험] 앞에서 움츠러든다. 우리는 살아가는 습관을, 생각하는 습관을 얻기 전에 받아들인다. 우리를 매일 죽음을 향해 다소간 다가가도록 몰아세우는 경주 안에서, 몸은 돌이킬 수 없는 이 우위를 지킨다. 결국 이러한 모순의 본질은 내가 회피라고 불러야 할 것 안에 놓여 있다.

알베르 카뮈

실제로는, 죽음의 경험이란 없다. 정확히 말해, 체험되고 의식된 것밖에는 아무것도 경험되지 않는다. 그래서 타인의 죽음 체험에 관해 말하기는 거의 불가능하다. 그것은 일종의 대체물이고, 탁상공론이며 결코 우리를 설득하지 못한다.

알베르 카뮈

그것[부조리]*은 죽음에 대한 의식임과 동시에 거부이기에 자살에서 빠져나간다.

---

* 실존주의에서 부조리란 본래 우리의 실존에 앞서는 어떤 근본적인 목적과 이유가 없음을 가리키는 말이다. 예를 들어, 신에 대한 경건한 믿음을 지닌 사람은 신에게 영광을 돌리는 것을 인간 실존의 근본적인 목적과 이유로 여기게 될 것이다. 하지만 신의 존재를 긍정하지 않는 사람은 그렇게 생각하지 않을 것이다. 이 경우, 실존의 목적과 이유란 결국 각각의 개별자가 자신의 구체적 실존 가운데서 스스로 발견하고 선택하는 것일 수밖에 없다. 카뮈의 사상에서 부조리는 개인의 욕망, 의지가 사회 현실과 모순, 갈등의 관계에 있음을 가리킬 때가 많다. 카뮈는 어떤 사회 현실도 각각의 개인에게 실존의 근원적인 목적과 이유를 부과할 수 없음을 역설했다.

알베르 카뮈

자살의 반대는 죽음의 형벌을 받는 것이다.

알베르 카뮈

부조리를 겪고 나면 모든 것이 동요한다. "나는 존재한다"라는 생각, 심지어 나 자신조차도 모든 것이 무의미하다고 이따금 말하면서도, 마치 모든 것이 유의미한 것처럼 행동하는 나의 태도 등이 모두 가능한 죽음의 부조리에 의해 현기증 나는 방식으로 부정된다. 내일에 대한 생각, 자기에게 목적을 설정함, 무언가 더 좋아하게 됨 등은 모두 자유에 대한 믿음을 전제한다. 자유를 느낄 수 없음이 더러 확실하게 여겨지더라도 말이다. 하지만 [부조리를 겪고 난] 이 순간에, 이 탁월한 자유, 진리를 세울 수 있게 할 유일한 근거인 이 존재의 자유는 존재하지 않는다는 것을 나는 잘 안다. 죽음은 유일한 진리로서 거기 있다.

알베르 카뮈

광기와 죽음은 그[부조리한 인간]에게 치유될 수 없는 것이다. 인간은 선택하지 않는다. 부조리와 부조리가 포함하는 삶의 확장은 인간의 의지가 아니라 인간과 대립하는 것인 죽음에 달려 있다.

알베르 카뮈

사랑의 열정에 대해 [이야기하는] 전문가들 모두가 우리에게 알려 주는 것은 영원한 사랑이란 대립적인 것으로서만 존재한다는 것이다. 투쟁 없는 사랑의 열정은 거의 없다. 그와 같은 사랑은 죽음이라는 궁극적 모순 속에서만 끝난다. 베르테르가 아니면 아무것도 아닌 것이다.

알베르 카뮈

그것[예술 작품]은 경험의 죽음과 그 증식을 동시에 표시한다.

알베르 카뮈

한 인간만이 유일한 주인인 하나의 세계는 머물러 있다. 그를 묶어 두었던 것은 어떤 다른 세계에 대한 환상이다. 그의 사유의 운명은 더 이상 자기를 포기하는 것에 관한 것이 아니라 이미지들 속에서 다시 솟아오르는 것에 관한 것이다. 이러한 사유는, 분명 신화들 속에서, 그러나 인간적인 고통의 깊이 외에는 다른 어떤 깊이도 없는, 그 고통처럼 무궁무진한 신화들 속에서 거행될 것이다. 이러한 신화들은 즐거움을 주면서 눈멀게 하는 신성한 우화가 아니라, 어려운 지혜와 내일 일을 염려하지 않을 자의 열정이 간추려져 있는 이 지상의 얼굴, 몸짓 그리고 드라마이다.

알베르 카뮈

부조리한 인간은, 자기의 고통을 관조하면서 모든 우상이 침묵하게 한다. 불현듯 자기의 침묵으로 되돌려진 세계 안에서, 대지의 작고 경탄에 잠긴 목소리가 무수히 솟아오른다. 무의식적이고 은밀한 부름, 모든 얼굴들을 초대하는 그 목소리는 승리의 필연적인 반대급부이자 그 대가이다. 그림자 없는 태양은 없기에 어둠을 알아야 한다. 부조리한 인간은 그렇다고 말하고, 그의 노력은 더 이상 멈추지 않을 것이다. 개인적 운명이 있을지라도, 부조리한 인간은 거기서 초월적 운명에 주목할 이유를 갖지 않는다. 그렇지 않으면 적어도 부조리한 인간이 숙명적이고 경멸스러운 것으로 판단하는 그러한 초월적 운명이 있을 뿐이다.

책 소개

『실존과 죽음』은 죽음에 관한 실존주의적 성찰을 담은 책으로 기획되었다. 이 책은 총 열 명의 실존주의 사상가의 저술에서 죽음을 논하는 문장들을 발췌해서 소개한다.

블레즈 파스칼, 쇠렌 키르케고르, 표도르 도스토옙스키, 프리드리히 니체, 카를 야스퍼스, 마르틴 하이데거, 가브리엘 마르셀, 장폴 사르트르, 시몬 드 보부아르, 알베르 카뮈.

사상가와 저술을 선정한 기준은 다음과 같다.

1. 실존주의의 역사에서 죽음에 관해 가장 구체적이고 깊이 있는 성찰을 보인 사상가들을 선택한다.
2. 각각의 사상가의 저술 중에서 죽음에 관한 가장 구체적이고 깊이 있는 생각을 담고 있는 저술을

선택한다.

죽음에 관한 문장을 선정한 기준은 다음과 같다.

1. 각각의 사상가 특유의 관점을 잘 드러내는 문장을 선택한다.
2. 선택된 문장들 가운데 사상가들 사이의 철학적 연관성을 파악하는 데 도움이 될 만한 것을 우선시한다.

상기한 사상가들 가운데 가장 중심적인 역할을 담당하는 것은 니체와 하이데거 그리고 사르트르이다. 독자 중에는 이 세 사상가보다 다른 사상가가 더 중요하다고 여기는 이가 있을 수 있다. 니체와 하이데거, 사르트르가 가장 중심적인 역할을 담당한다는 것은 이 세 사상가를 통해 그 이전의 실존주의 사상이 현대적으로 재해석되고 새로워질 전기가 마련되었다는 것을 뜻한다.

좁은 의미의 실존주의는 20세기의 철학과 문학

에 국한된다. 하지만 니체와 하이데거, 사르트르의 사상을 중심으로 삼아 그 이전과 이후의 사상을 살펴보면, 실존주의적 사상의 역사가 이미 오래전에 시작되었다는 것을 알 수 있다. 엮고 옮긴이 본인은 이 세 명의 사상가 가운데서도 하이데거가 가장 중심이 된다고 본다.

인공지능의 시대를 살고 있는 우리에게 죽음에 관한 실존주의의 성찰은 매우 각별하다. 오직 육화된 정신으로 실존하는 자만이 죽음 앞에서의 불안과 두려움을 겪을 수 있다. 인간이 특별한 존재인 가장 중요한 이유는 죽음의 가능성을 무릅쓰고, 자신의 몰락을 감내하며, 그 무엇을 위해 결단할 가능성을 지닌다는 점이다.

20세기 최대의 철학자로 통하는 하이데거는 죽음을 부정적으로 보지 않았다. 하이데거의 실존론적 존재론은 도리어 죽음을 고유한 자기를 되찾을 가능 근거로 본다. 하이데거는 인간 현존재란 일상세계에서 삶을 위해 필요한 것을 마련하려 애쓰며 산다는 평범한 진실에 주목한다. 일상세계에서 삶을 꾸려 가는 사이 우리는 모든 것을, 심지어 자기 자신 마저도, 일종의 도구로 해석하는 경향에 빠지고 만다. 죽음 앞에서의 불안은 도구로 해석된 자기가 본래적 자기가 아니라는 진실을 일깨운다. 죽음은 우리에게 도구 중심의 일상성의 한계를 넘어설 가능 근거로 작용한다.

나는 나 자신을 회사원으로, 선생으로, 의사나 노동자로 여긴다. 자신을 고유한 존재로 보기보다 사회에서 자신이 맡고 있는 역할과 기능의 관점에서 본다. 그러나 우리는 이미 알고 있다. 나는 죽을 자로 여기 있으며, 죽음이란 일상적 삶의 완전한 끝을 뜻한다. 하이데거에게 이러한 진실은 가장 근원적인 실존론적 선택의 이유이다. 나는 죽음 앞에서의 불안을 일상적이고 비본래적인 자기로부터 본래적인 자기를 되찾을 계기로 삼을지, 아니면 죽음의 진실을 외면하고 친숙한 일상세계로 달아나 버릴지 선택해야 한다.

인공지능의 시대를 살고 있는 우리에게 일상세계는 두 가지 종류의 강압적 힘에 의해 특징된다. 첫

째, 우리가 사회를 위한 도구로 존재하도록 몰아세우는 힘이다. 둘째, 인공지능의 발전이 초래할 인간 존재의 도구적 쓸모없음을 피할 수 없는 숙명으로 받아들이도록 몰아세우는 힘이다.

죽음에 대한 실존론적 성찰은 이 두 가지 자가당착적인 경향에 맞서 삶의 존엄함을 위해 실존적 투쟁을 벌일 이유를 제공한다. 죽을 자는 도구로 존재하려고 살아서는 안 된다. 실존주의가 일깨우는 이 간단하고도 분명한 진실은 우리가 사회를 위한 도구로 존재하도록 몰아세우는 힘과 인간 존재의 쓸모없음을 숙명으로 받아들이도록 몰아세우는 힘 모두의 근원적 부당성을 드러낸다. 실존론적으로 죽음이란 나 자신의 존재가 도구적 쓸모의 논리를 언제나 이미 넘어서는 것임을 알게 하는 것이기 때문이다.

나는 도구가 아니다. 나는 도구 이상의 존재이다.

이러한 단순하고도 분명한 자기 선언은 우리가 살면서 만나는 모든 것을 도구 이상의 존재로 발견

책 소개

하고 긍정할 그 이유가 된다. 나무를 목재가 아니라 나무 자체로, 꽃을 장식품이 아니라 꽃 자체로, 사람을 일꾼이 아니라 사람 자체로, 자연을 착취할 에너지 저장소가 아니라 자연 자체로 발견하고 긍정하는 법을 배워야 한다. 과학기술의 발전으로 인해 생활의 편리를 얻으면서도 가장 기초적인 실존의 이유조차 부정당할 위기에 처한 오늘날의 인류에게 가장 필요한 것이 바로 이것이다.

아포리즘 모음인 이 책의 특성상 정교하고 섬세한 철학적 논의를 독자에게 제공하는 것은 불가능하다. 하지만 이 책에 소개된 아포리즘을 하나하나 음미하며 읽어 나가다 보면, 주요 실존주의 사상가들의 철학적 연관성을 직관적으로 파악할 수 있을 것이다.

엮고 옮긴이 후기
인공지능 시대의 실존과 죽음

인공지능에 관한 주장과 논쟁은 수없이 다양하다. 어떤 이는 인공지능이 열어 갈 장밋빛 미래를 노래하고, 또 어떤 이는 인공지능에 의해 압도될 인류의 미래를 염려하기도 한다. 간단히 말해, 지금의 인간은 인공지능에 대한 유토피아적 관점과 디스토피아적 관점 사이에서 방황하며 산다. 그런데 거의 모든 주장과 논쟁에서 간과되고 있는 한 가지 진실이 있다. 그것은 인간이란 죽을 운명을 안고 사는 존재이며, 죽음을 각자의 고유한 가능성으로서 떠안고 있다는 사실이다.

인공지능이 열어 갈 장밋빛 미래란 무엇인가? 일상적 삶이 인공지능에 힘입어 더없이 편리해지고 풍요로워질 것이라는 희망이다. 인공지능에 의해 압도될 인류의 미래란 무엇인가? 인공지능의 능력이 인간의 능력을 크게 넘어서서 인류 전체가 잉여의 존재가 될 것이라는 두려움이다.

그런데 인공지능에 대한 희망과 두려움은 모두 삶을 도구적 쓸모와 효용성의 관점에서 바라본다는 공통점을 지닌다. 인공지능이 좋은 것은 인간의 삶을 위해 매우 유용하다는 것이고, 그런 점에서 인공지능과 인간의 관계는 인간이 효용성 있는 인공지능을 삶을 위해 사용하고 착취하는 관계로 파악된다. 인공지능이 두려운 까닭은 인공지능의 압도적인 성능이 인간을 쓸모없는 존재로 만들 수 있다는 데 있다. 즉 인간이란 쓸모 있는 존재여야 하는데, 인공지능의 발전이 결국 인간의 도구적 효용성을 무화할 것이라는 전망 때문이다.

『실존과 죽음』은 인간이란 자신의 삶을 쓸모와 효용성의 한계 밖에서 바라보아야 하는 존재라는 것을 알게 할 것이다. 인간은 육화된 정신으로 살며, 바로 그렇기에 죽을 운명을 지닌다. 그런데 죽을 운명을 지닌 자는 도구로 존재하기 위해 사는 것이 아니다. 죽음의 사건이란 쓸모의 논리가 지배적인 일상적 삶이 무화되도록 하는 것이기 때문이다.

누구나 자기 고유의 죽을 운명을 떠안은 채 산다. 그러니 누구나 자기 고유의 삶을 실현하려는 충동과 의욕의 존재로 살아야 한다. 오직 이러한 충동과 의욕을 통해서만 삶이 의미로 충만할 수 있다.

어쩌면 죽음이란 인간 같은 자연적 생명체에게만 허용되는 것이 아니라고 생각하는 이가 있을지도 모르겠다. 누가 알겠는가? 고도로 과학이 발전하면, 인간의 몸처럼 감각 능력이 있는 인공 신체가 만들어질 수도 있다. 그러한 인공 신체와 결합한 인공지능은 인간의 정신과 똑같이 육화된 정신으로 간주해야 한다. 그런데 이 경우에는 인공지능 역시 자기 고유의 삶을 실현하려는 충동과 의욕의 존재로 살 것이다. 육화된 정신이란 자기 고유의 죽을 가능성을 떠안은 존재이니 말이다.

혹시 인공지능을 여러 개 미리 복제해 두면, 인공지능을 불사의 존재로 만들 수 있을까? 복제해서 똑같은 것으로 증식할 수 있는 인공지능은 그 자체만으로는 육화된 정신일 수 없다. 육화된 정신이란 자기 고유의 몸으로 자기 고유의 삶의 역사를 열어 가는 정신 외에 아무것도 아니기 때문이다. 나와 똑같은 몸과 의식을 지닌 인간이 존재한다고 상상해 보자. 이 경우 우리는 똑같은 '나'가 둘 있다고 해야 할까? 그럴 수 없다. '나'는 오직 지금 여기의 나뿐이다. 지금 저기 있는 또 다른 개체는 자기 고유의 삶의 역사를 지니게 될 것이다. 육화된 정신인 인공지능이 존재한다면, 그것은 아마도 스스로 인공지능의 개발이 암묵적으로 전제하는 모든 쓸모와 효용성의 논리를 넘어서려 애쓸 것이다. 고통과 죽음의 가능성 앞에서 불안과 두려움을 느끼거나 그 한계를 넘어서려 애씀은 바로 지금 여기의 나만이 할 수 있는 일이기 때문이다.

이 책이 인공지능에 관한 성찰을 담고 있지는 않다. 그러나 죽음에 관한 실존주의적 성찰은 인공지능의 시대를 살고 있는 오늘날의 인류에게 인공지능의 실존론적 의미와 역할에 대해 구체적이고 근본적으로 생각할 힘을 줄 것이다. 엮고 옮긴이는 장차 인공지능에 관한 실존론적 성찰을 담은 책을 저술할 것이다. 이 책은 그 기초작업이기도 하다.

『팡세. 레프로방시알』, B. Pascal, *Pensées. Les Provinciales*, Paris: Bookking International, 1995.

『죽음에 이르는 병』, S. Kierkegaard, *The Sickness unto Death*, edited and translated by H. V. Hong and E. H. Hong, Princeton, New Jersey: Princeton University Press, 1980.

『작가 일기 1. 1873-1876』, F. Dostoevsky, *A Writer's Diary 1. 1873-1876*, translated and annotated by K. Lantz, Evanston, Illinois: Northwestern University Press, 1993.

『작가 일기 2. 1877-1881』, F. Dostoevsky, *A Writer's Diary 2. 1877-1881*, translated and annotated by K. Lantz, Evanston, Illinois: Northwestern University Press, 1994.

『죄와 벌』, F. Dostoevsky, *Crime and Punishment*, translated by J. Coulson, Oxford/New York: Oxford University Press, 1998.

『카라마조프 형제들』, F. Dostoevsky, *The Karamazov Brothers*, translated by I. Avsey, Oxford/New York: Oxford University Press, 1998.

『차라투스트라는 이렇게 말했다』, F. Nietzsche, *Also sprach Zarathustra (KSA 4)*, Berlin/New York: Deutscher Taschenbuch Verlag de Gruyter, 1999.

『세계관의 심리학』, K. Jaspers, *Psychologie der Weltanschauung*, Heidelberg: Springer-Verlag, 1971.

『존재와 시간』, M. Heidegger, *Sein und Zeit*, Tübingen: Max Niemeyer, 1993.

『존재의 신비』, G. Marcel, *Le mystère de l'être*, Paris: Aubier, 1963.

『존재와 무』, J.-P. Sartre, *L'être et le néant*, Paris: Gallimard, 1994.

『애매성의 윤리』, S. Beauvoir, Pour *une morale de l'ambiguïté. Suivi de Pyrrhus et Cineás*, Paris: Gallimard, 1965.

『시지프 신화』, A. Camus, *Le mythe de Sisyphe*, Anjou: Éditions CEC, 2012.

블레즈 파스칼(1623~1662)

파스칼은 프랑스의 수학자이자 물리학자, 철학자이다. 파스칼은 물리학에도 조예가 깊었고, 회계사인 아버지의 실무를 돕고자 실용 가능한 최초의 계산기 파스칼 계산기를 발명하기도 했다. 철학적으로 파스칼의 사상은 곧잘 회의주의, 신비주의 등으로 불린다. "인간은 생각하는 갈대"라는 파스칼의 유명한 경구는 인간이 사유를 통해 어떤 확실한 진리도 포착할 수 없음을 알리는 말로 파악된다. 하지만 파스칼의 사상을 올바로 이해하려면 그가 탁월한 수학자였다는 것을 함께 고려해야 한다. 파스칼의 회의주의와 신비주의는 합리적 사고에 대한 단순한 부정의 표현이 아니다. 그것은 도리어 합리적 사고를 극한에 이르기까지 추구한 끝에 도달한 그 결론이다. 합리적 사고의 한계를 명확히 하고, 구체적이고 실존적인 상황에 대한 이해가 중요함을 강조한다는 점에서 파스칼의 사상은 실존주의적 경향을 띤다.

쇠렌 키르케고르(1813~1855)

키르케고르는 덴마크의 철학자이자 개신교 신학자이다. 키르케고르의 실존주의 사상은 주로 당시 지성인 사이에서 압도적 영향력을 행사하던 헤겔과의 대결을 통해 형성된 것이다. 키르케고르의 실존주의에서 가장 중요한 관점은 '주관성의 길'이다. 주관성의 길이란 진리는 주관적이고 상대적인 것이라는 생각과 무관하다. 키르케고르가 강조하고자 한 것은 자신의 구체적 실존 속에서 확고부동한 삶의 지침으로 장악하지 못한 것은 참된 진리로서 통용될 수 없다는 것이다. 즉, 무엇이 진리인지 결정하는 것은 객관적 타당성 여부가 아니라 자기 삶의 실존적 성격에 대한 주체의 이해와 결단이다.

표도르 도스토옙스키(1821~1881)

도스토옙스키는 러시아의 소설가이다. 그의 어머니는 온화하고 신앙심이 깊었던 반면, 아버지는 엄격하고 잔인한 성격의 소지주였다. 어머니와 아버지의 성격적 대립이 그의 인생관 형성에 적잖은 영향을 끼쳤다. 도스토옙스키의 첫 작품 『가난한 사람들』(1846)은 그의 출세작이기도 했다. 도스토옙스키는 유토피아적 성향이 강한 사회주의자들과 어울리다 체포되어 사형선고를 받았지만, 극적으로 감형되어 4년 동안 시베리아 유형 생활을 하게 된다. 이후 도스토옙스키의 정치사상은 매우 보수적으로 된다. 하지만 그 과정에서 도스토옙스키는 근대 이후 합리적 이성 중심의 세계관이 지닌 폭력성의 근원에 대해 철저하게 사유하게 되었고, 그럼으로써 현대의 위기를 진단하고 또 극복할 가능성을 문학적으로 형상화하게 된다.

프리드리히 니체(1844~1900)

니체는 독일의 철학자이다. 대학에서는 고전문헌학을 전공했다. 20대 중반의 나이에 지도교수에게 학문적 역량을 인정받고, 박사학위를 취득하지도 않은 상황에서 교수가 된다. 하지만 니체의 첫 작품 『비극의 탄생』은 동료 학자들에게 비난의 대상이 되었고, 이후 니체는 많은 저술을 남기면서도 학문적으로 인정을 받지 못하고 고독한 생활을 하게 된다. 니체 철학은 허무주의적이다. 그러나 니체의 허무주의를 통념적 의미로 이해하면 안 된다. 니체는 하나의 가치관을 절대화함은 그 가치관에 상응하지 못하는 모든 삶의 형태에 대한 부정과 폭력으로 이어질 수밖에 없다는 성찰에서 출발한다. 각자는 자기 고유의 삶의 관점에서 삶을 보존하고 증진할 가치관을 스스로 형성할 권리를 지닌다는 것이 니체적 허무주의의 핵심이다.

카를 야스퍼스(1883~1969)

야스퍼스는 독일의 철학자이다. 하이데거와 함께 독일 실존철학의 창시자로 통한다. 야스퍼스는 법학과 의학을 공부하기도 했지만, 이후 심리학, 정신분석학 등을 연구하다 결국 철학에 이르게 된다. 야스퍼스의 실존철학은 특히 심리학과 밀접한 연관이 있다. 야스퍼스는 1913년 하이델베르크대학에서 심리학 교수 자격을 획득하기도 했다. 하지만 야스퍼스 실존철학의 진정한 의의는 그가 실존상황에 대한 이해와 해명을 강조하면서도, 동시에 초월로의 도약을 시도한다는 점에서 찾을 수 있다. 이 점에서 야스퍼스의 철학은 실존론적으로 칸트의 사상을 계승한 것이라고 볼 수 있다. 물론 야스퍼스의 초월론과 칸트의 초월론은 엄격하게 구분되어야 한다. 야스퍼스에게 초월로의 도약은 그 자체로 구체적 실존성의 표현이다.

마르틴 하이데거(1889~1976)

하이데거는 독일의 철학자이다. 보통 20세기 최대의 철학자로 평가받는다. 하이데거의 철학은 보통 존재론이라 불린다. 존재론이란 존재의 의미를 묻는 철학을 가리키는 말이다. 하이데거의 존재론은 현상학적 성찰에서 출발한다. 현상학은 보통 에드문트 후설의 저술 『논리 연구』(1900/1901)에서 비롯된 철학운동으로 규정된다. 하지만 하이데거가 말하는 현상학은 더 포괄적이다. 하이데거는 심지어 철학이란 본래 현상학적이고 해석학적인 것으로서만 가능한 것이라고 주장한다. 하이데거에게 존재란 각자의 구체적 실존을 근거로 삼아 생성되는 현상으로서 자신을 드러내는 것이다. 그러나 이 드러남은 동시에 현상으로 한정될 수 없는 존재 자체를 가리는 것이기도 하다. 그것은 마치 노장사상의 도가 모든 사물을 통해 그 자신을 명백히 드러내면서도, 드러난 현상에 현혹된 자에게는 파악될 수 없는 것으로서 숨는 것과 같다.

가브리엘 마르셀(1889~1973)

마르셀은 프랑스의 철학자이자 극작가, 비평가이다. 보통 유신론적 실존주의자로 분류되지만, 마르셀은 정작 자신의 철학을 실존주의로 규정하기를 거부했다. 그 점에서 마르셀은 자신과 동년배인 하이데거와 닮았다. 하이데거 역시 자신의 철학을 실존주의로 규정하는 것을 거부한 것이다. 흥미롭게도, 마르셀과 하이데거는 모두 사르트르의 무신론적 실존주의와 비판적 거리를 두면서 실존주의를 거부했다. 마르셀은 합리적 사유의 한계를 실존성에 대한 이해를 바탕으로 지적하면서도, 동시에 대화적 사유를 통해 초월적 진리를 향해 나아갈 가능성을 모색한다. 이러한 자신의 입장을 마르셀은 신소크라테스학파라는 말로 불렀다. 그 점에서 마르셀의 실존철학은 하이데거와 구분된다. 하이데거는 철학이란 본래 무신론적이어야 한다고 보았는데, 이는 신의 존재를 부정해야 한다는 뜻이 아니라 신의 존재 여부에 대한 선입견을 전제해서는 안 된다는 뜻이다.

장폴 사르트르(1905~1980)

사르트르는 프랑스의 철학자이자 소설가, 극작가, 평론가이다. 자신의 철학을 실존주의라고 명명한 최초의 철학자로 알려져 있다. 여성주의 철학의 선구자인 시몬 드 보부아르와 계약결혼을 한 것으로 유명하기도 하다. 사르트르 철학은 그의 주저 『존재와 무』(1943)의 부제이기도 한 '현상학적 존재론 시도'라고 볼 수 있다. 후기에 마르크스주의적 변증법을 바탕으로 삼아 새로운 철학을 모색하기도 했지만, 『존재와 무』에서 개진한 현상학적 존재론의 핵심 관점은 버리지 않았다. 사르트르의 실존주의는 의식초월적 존재에 대한 형이상학적 물음을 거부하는 현상학적 성찰에서 출발한다. 이 관점에서 보면 존재란 실체적 사물이 아니라는 점에서 곧 무이고, 우리의 의식 역시 마찬가지 이유로 무라는 점에서 사물 사이의 관계를 지배하는 인과율에서 근원적으로 벗어나 있다. 우리의 실존적 자유는 결코 무화될 수 있는 것이 아니라는 사르트르 사상의 핵심 명제는 사르트르 특유의 현상학적 존재론에 바탕을 두고 있다.

시몬 드 보부아르(1908~1986)

보부아르는 프랑스의 철학자이자 소설가, 사회운동가이다. 사르트르와 계약결혼을 한 것으로 유명하다. 보부아르의 철학에서 가장 중요한 부분은 여성의 삶에 관한 실존주의적 성찰이라고 할 수 있다. "여자는 태어나는 것이 아니라 만들어지는 것"이라는 보부아르의 유명한 말은 실존주의적 인생관의 표본과도 같다. 실존주의적으로, 실존이란 본래 부조리한 것이다. 이 말은 인간의 삶이 부조리하고 참혹하다는 뜻이 아니라, 우리의 실존에 궁극적이고 절대적인 이유가 될 만한 것은 본래 존재하지 않는다는 뜻이다. 전통사회는 "여자란 모름지기 현모양처가 되어야 한다"라는 식의 여성관을 통해 여성이 마땅히 걸어야만 하는 무조건적 삶의 길을 제시해 왔다. 보부아르의 실존주의는 여성이 마땅히 걸어야만 하는 삶의 길이란 만들어진 허상에 불과하다는 것을 지적한다. 여성의 실존 역시 부조리하며, 여성이 어떤 삶의 길을 무슨 이유로 가야 하는지는 여성이 자기의 실존에 대한 구체적 이해를 통해 스스로 결정할 문제이다.

알베르 카뮈(1913~1960)

카뮈는 프랑스의 소설가이자 실존주의 사상가이다. 당시 프랑스령이었던 알제리에서 태어났지만, 그의 부모는 알제리로 이주해 살던 프랑스인이었다. 카뮈는 사르트르와 함께 프랑스 실존주의를 대표하는 사상가로 통한다. 하지만 카뮈는 사르트르 등 후설의 현상학에서 출발하는 당대의 실존주의 사상의 경향에 대해서 매우 비판적이었다. 카뮈 사상의 핵심은 니체의 초인 사상에서 유래한 것으로 보인다. 니체는 영원회귀 개념을 통해 삶이란 무조건적으로 긍정되어야 하는 것임을 역설한 바 있다. 한마디로, 아무리 고통스러운 삶이라 하더라도, 그 삶이 무한정 되풀이된다고 하더라도, 우리는 삶을 무조건 긍정해야 한다는 뜻이다. 니체가 말하는 초인이란 바로 이러한 정신을 가리키는 말이다. 하지만 창조적이고 비범한 정신에서 초인의 길을 모색한 니체와 달리 카뮈는 평범한 노동자에게서 초인의 길을 모색했다. 삶을 무조건 긍정할 수 있는 절대 긍정의 정신으로서의 초인이 될 가능성을 카뮈는 묵묵히 고된 노동을 하며 살아가는 모든 사람에게서 발견하고자 한 것이다. 바로 이것이 시지프스 신화에 대한 카뮈의 실존주의적 해석이 뜻하는 바다.

한상연

하이데거와 슐라이어마허를 함께 전공한 철학자이다. 철학과 예술, 문학은 근원적으로 하나라는 관점을 지니고 있다. 주된 관심사는 하이데거의 현상학적 존재론을 고통과 기쁨의 근원적 처소로서의 살과 몸의 관점에서 새롭게 해석하면서 존재론적 윤리학을 정초하는 것이다. 이러한 작업을 수행해 나가면서 하이데거, 슐라이어마허, 사르트르, 푸코, 들뢰즈 등에 대한 많은 논문을 학회지에 게재했다.

인문학이란 삶을 보다 강하고 아름답게 만들고자 하는 의지의 표현이라고 여긴다. 다양한 교양 도서를 기획하고 있으며, 아이들과 청소년들을 위한 철학 동화도 틈틈이 쓰고 있다. 희망철학연구소의 철학자들과 함께 철학 동화집 『쓸모없어도 괜찮아』(동녘)를 공저하기도 했다.

현재 가천대학교에서 예술철학, 문화철학, 종교철학 등을 가르치고 있다. 2007년부터 2014년까지 한국하이데거학회의 학회지 『하이데거 연구』 및 『존재론 연구』 편집이사를 역임했으며, 또한 2015년부터 2018년까지 한국하이데거학회와 한국해석학회의 통합 학회지인 『현대유럽철학연구』 편집이사를 역임했다. 2022년 가을부터 2024년 여름까지 한국현대유럽철학회 및 한국하이데거학회 회장을 역임했다. 희망철학연구소에서 여러 철학자들과 함께 인문학 살리기, 민주주의교육 등과 관련한 다양한 작업을 하고 있다.

저서로 『현대 문화의 근본 관점들』(서광사), 『현대미술의 근본 관점들』(서광사), 『죽음을-향한-존재와 윤리』(세창출판사), 『순간의 존재』(세창출판사), 『그림으로 보는 하이데거』(세창출판사), 『그림으로 보는 니체』(세창출판사), 『문학과 살/몸 존재론』(세창출판사), 『공감의 존재론』(세창출판사), 『철학을 삼킨 예술』(동녘), 『우리는 모두 예술가다』(샘터), 『시간과 윤리』(서광사), 『기쁨과 긍정의 종교』(서광사) 등이 있다.

독일 보쿰대학교에서 철학, 역사학, 독문학을 전공했으며, 동 대학교에서 니체와 바흐친에 관한 논문으로 철학석사학위를, 하이데거와 슐라이어마허에 관한 논문으로 철학박사학위를 받았다.